Colorea el nombre del planeta que van a visitar Oli y Sila.

Rodea las naves que van en dirección correcta.

A E I O U

Repasa las vocales. Después, completa las palabras.

A

E

I

O

U

e	i	a	o	u
i	o	u	e	a
a	e	i	u	o
o	a	e	i	u
e	u	a	o	i

Colorea las vocales en minúscula siguiendo el modelo.

Repasa la letra.

Repasa.

Estampa huellas o colorea las peonzas que contengan la letra P.

Colorea los elementos en los que suena la P.

Repasa las letras.

Busca y rodea las letras P que aparecen en los carteles. Después, repasa las letras.

PA PE PI PO PU

Repasa y lee las sílabas.

P P P P P P P

PA PE PI PO PU

PA

Repasa y escribe.

PEPE ES UN PIRATA
QUE VISTE PAÑUELO,
PARCHE Y PANTALÓN.
PEPE ES UN PIRATA
MUY PELEÓN.

Lee y rodea en el texto las sílabas con la letra P. Después, completa las palabras.

SOLO TRES LETRAS TENGO
PERO TU PESO YO SOSTENGO.
SI ME TRATAS CON CUIDADO,
TE LLEVARÉ A CUALQUIER LADO.

Lee la adivinanza y escribe la solución. Después, dibújala.

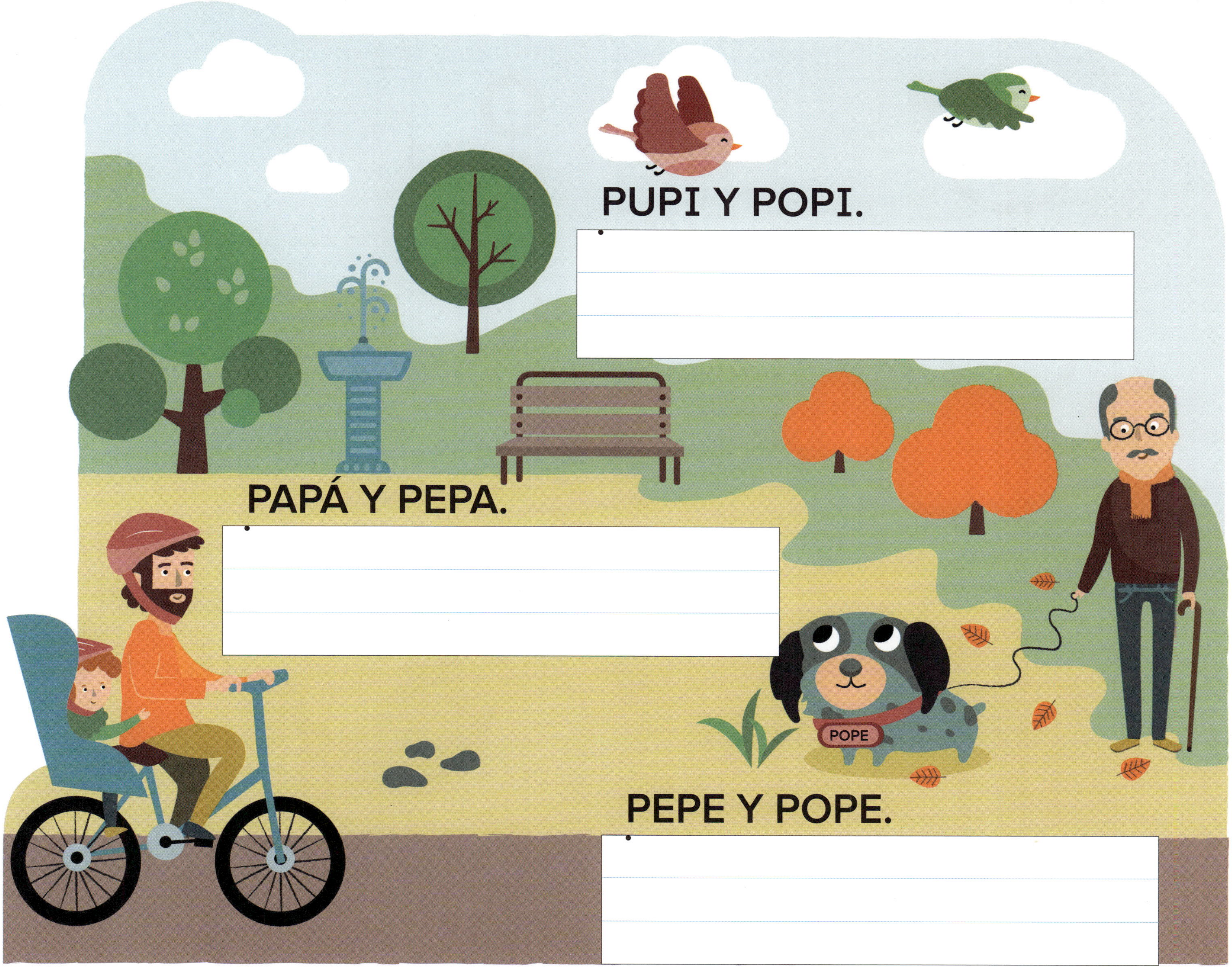

PUPI Y POPI.

PAPÁ Y PEPA.

PEPE Y POPE.

Lee y copia las frases.

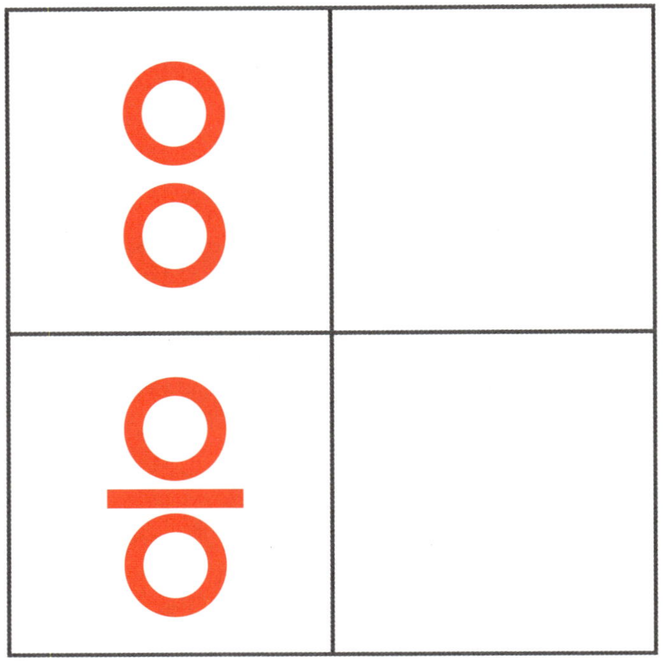

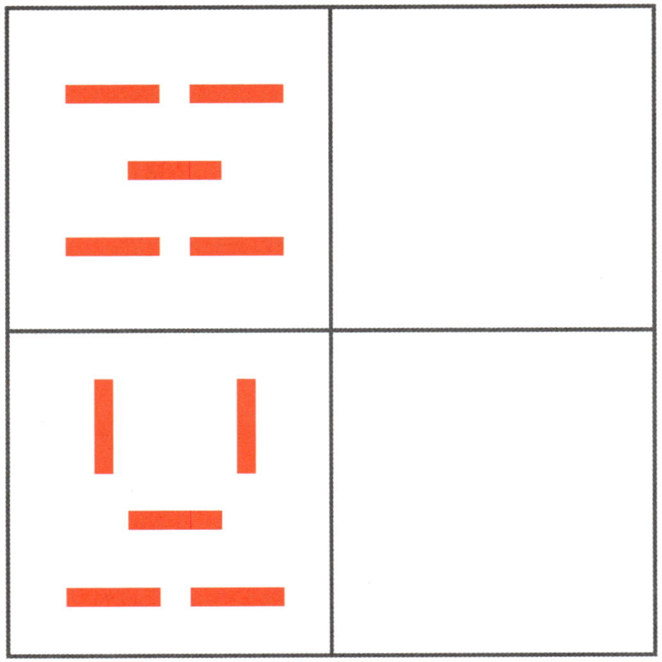

Observa y copia.

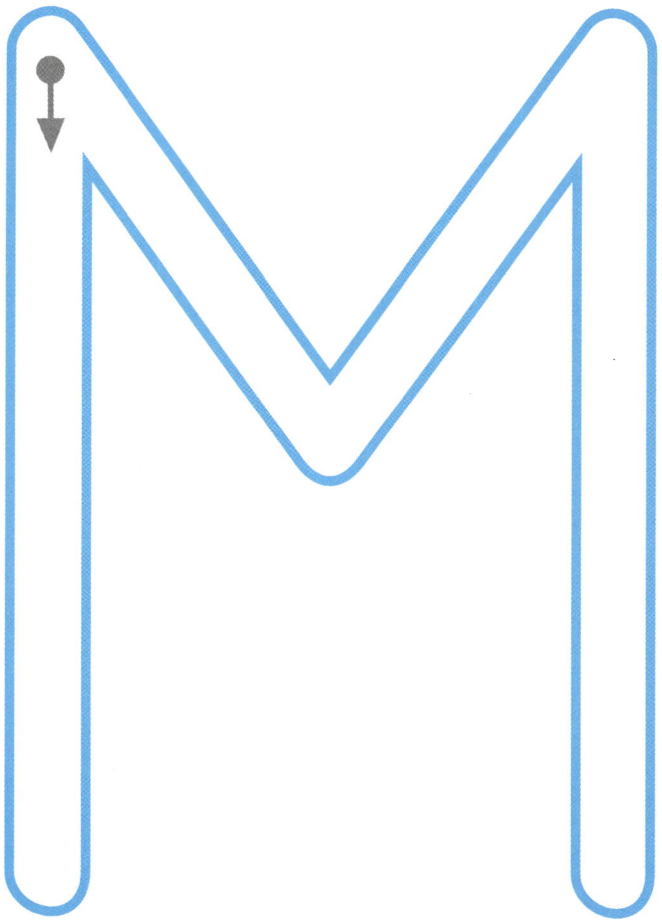

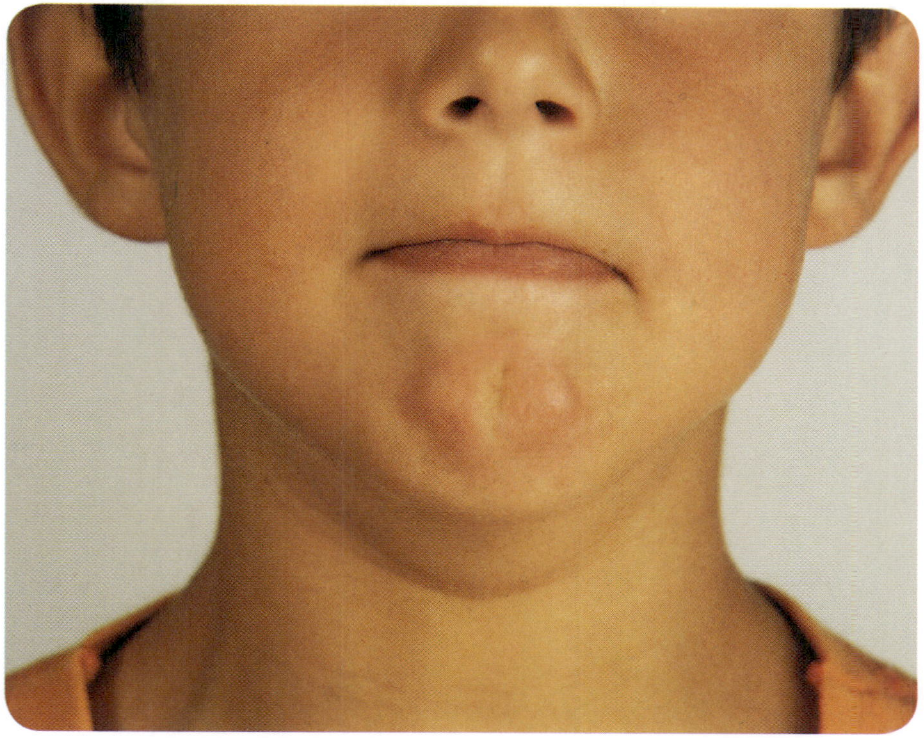

Repasa la letra.

Repasa.

Busca y repasa las letras M.

MOCHILA

TAZA

M

~~M~~

TOMATE

CARAMELO

Relaciona los elementos según suene o no la M.

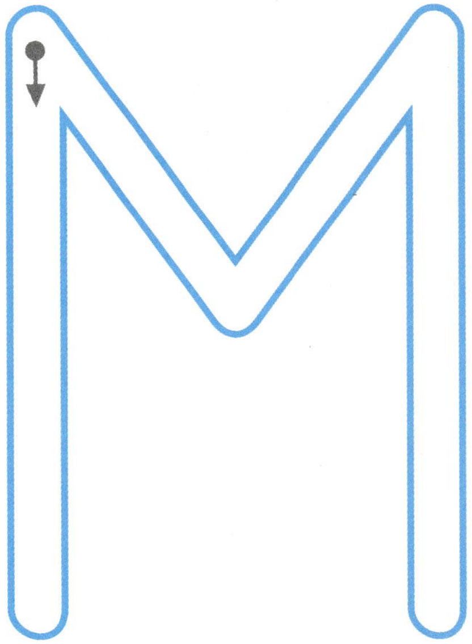

Repasa las letras.

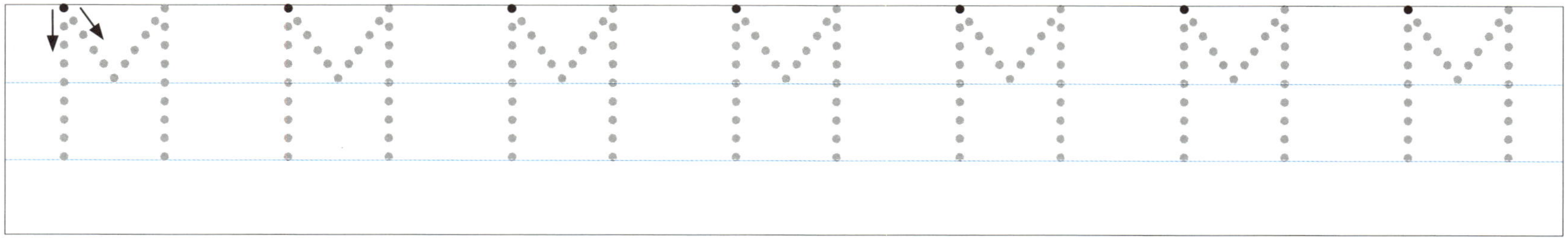

Busca y rodea las letras M que aparecen en los carteles. Después, repasa las letras.

Repasa y lee las sílabas.

M M M M M M M

MA ME MI MO MU

MA

Repasa y escribe.

__MO

PU__

__MIA

__MÁ

Completa las palabras.

MATILDE TOMA EL SOL
TODAS LAS MAÑANAS.
SENTADA EN LA HAMACA
SE COME UNA MANZANA.

Busca y rodea las sílabas con la letra M en el poema. Después, colorea a Matilde.

Completa con vocales lo que dice cada animal.

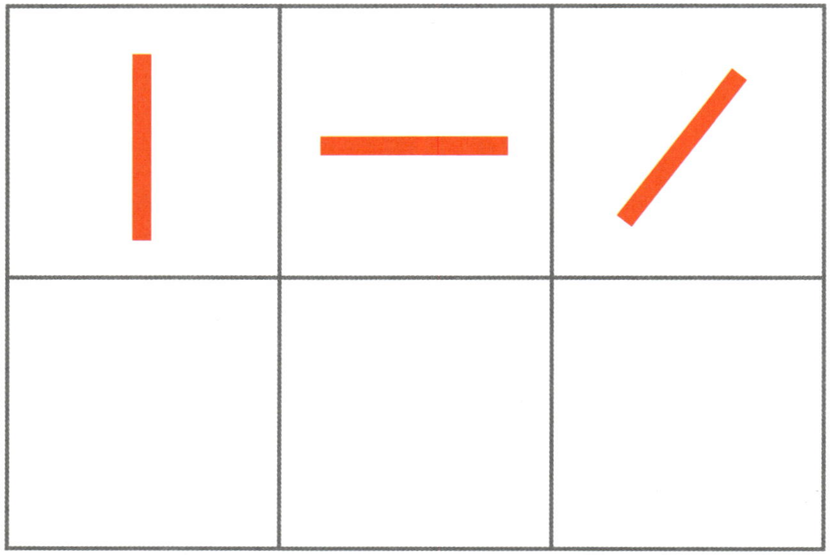

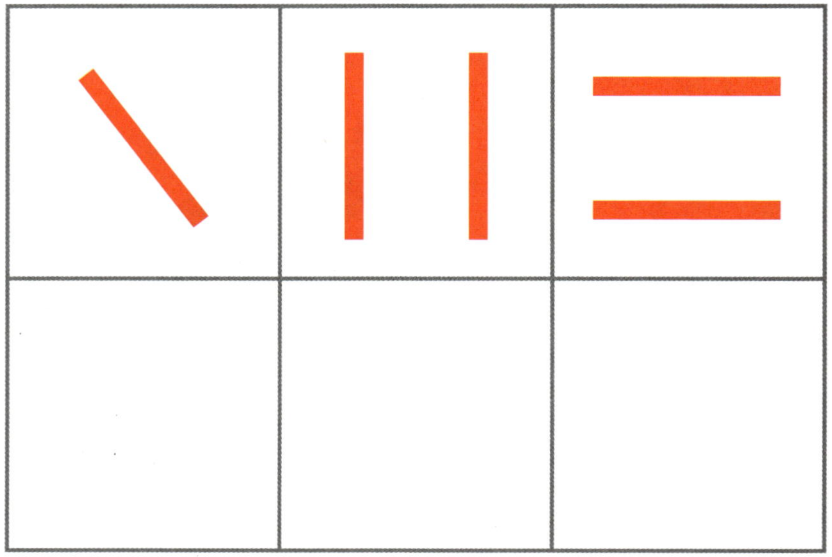

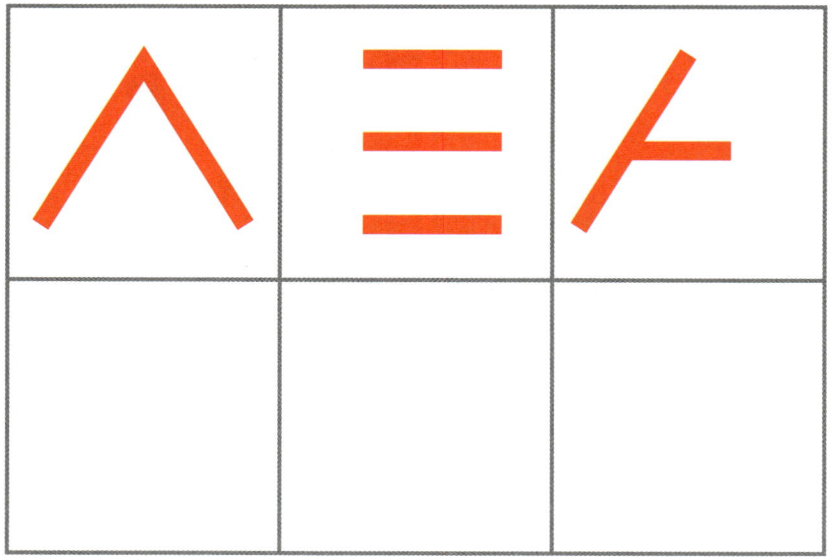

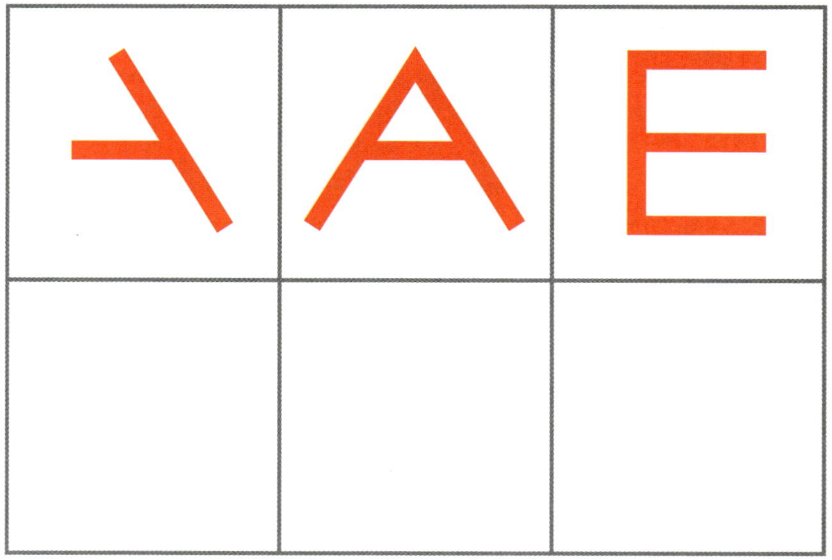

Observa y copia.

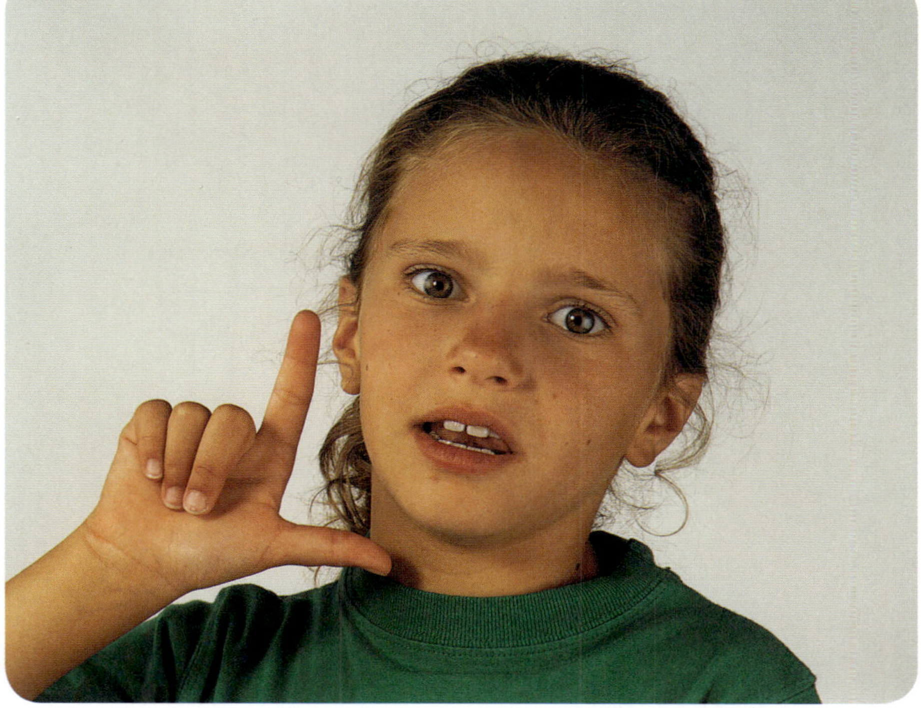

Repasa la letra.

Repasa.

Estampa huellas o colorea las pompas con la letra L.

Colorea los elementos en los que suena la L.

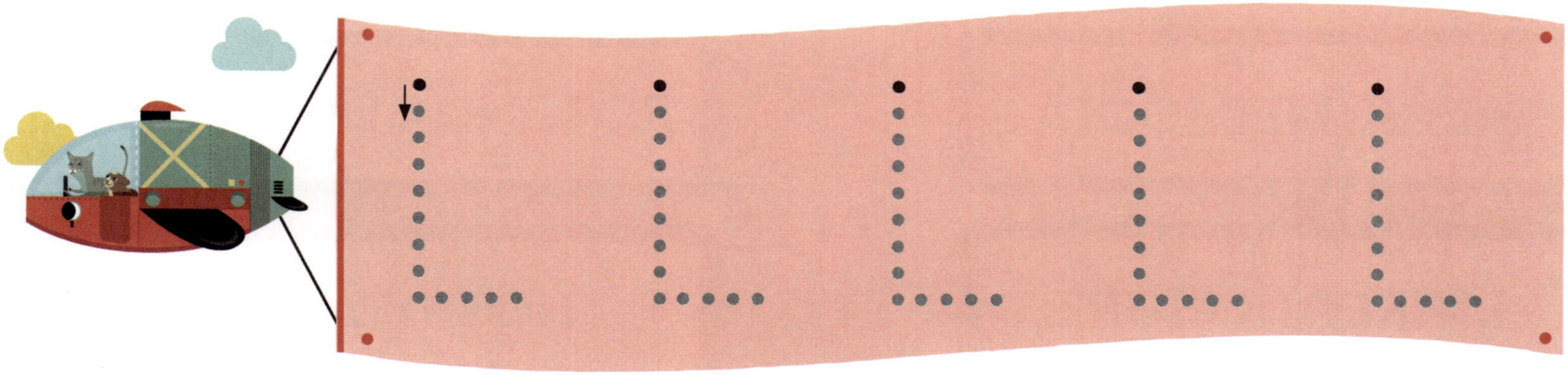

Repasa las letras.

Busca y rodea las letras L en las palabras. Después, repasa las letras.

Repasa y lee las sílabas.

L L L L L L L

LA LE LI LO LU

AL EL IL OL UL

Repasa.

_ _TA

_ _BÓNDIGAS

MI_ _

_ _CHUGA

☐ ELIO LAME LA MIEL.

☐ ELIO LAME LA PIEL.

Completa las palabras. Después, marca la frase correcta.

MIEL

PALOMA

OLMO

AMAPOLA

Copia las palabras en su lugar correspondiente. Después, dibuja y escribe la palabra que falta.

PAMELA

PALOMA

LUPA

POLO

Repasa las palabras. Después, relaciona cada palabra con su imagen.

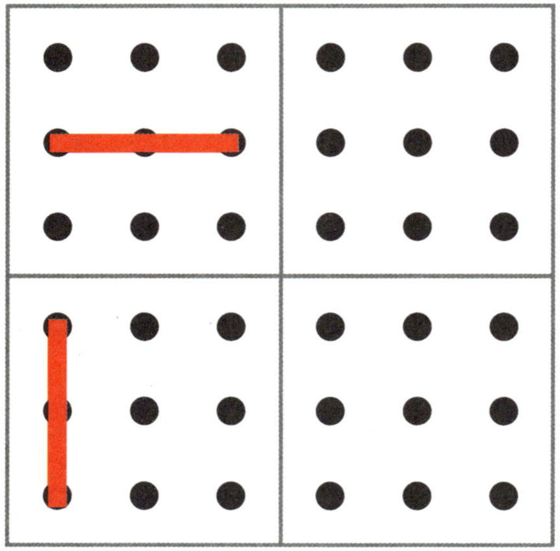

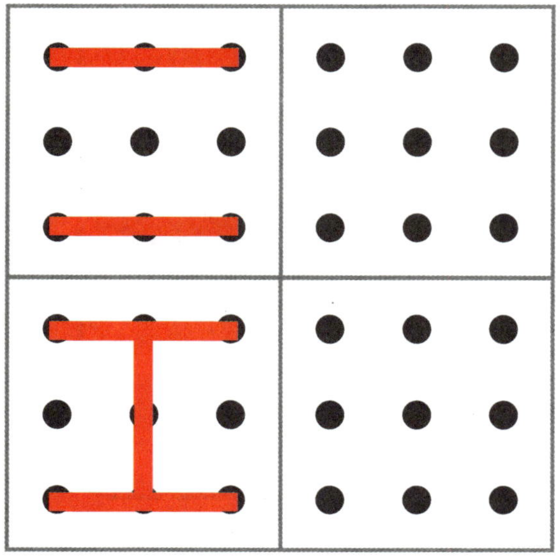

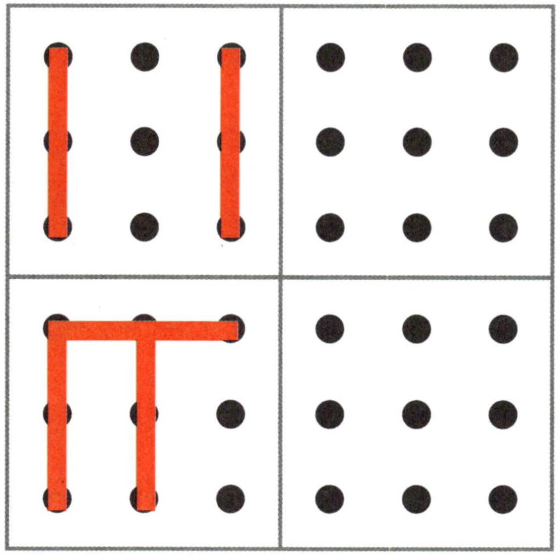

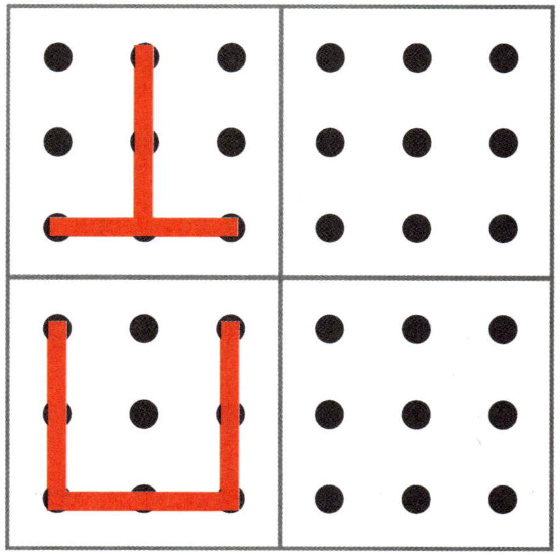

Observa y copia.

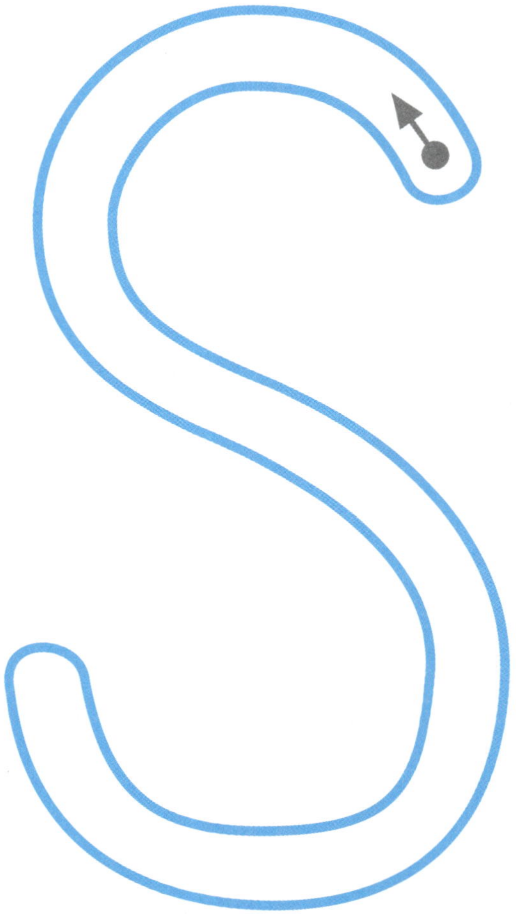

Repasa la letra.

Repasa.

Pinta las huellas en las que aparezca la letra S.

GUSANO **CONEJO** **MARIPOSA** **OSO** **RATÓN** **SAPO**

Busca y rodea a los animales en los que suena la S.

Repasa las letras.

Busca y rodea las letras S en los nombres de los niños y niñas. Después, repasa las letras.

Repasa y lee las sílabas.

S S S S S S S

SA SE SI SO SU

AS ES IS OS US

Repasa.

Completa las palabras.

	ES	SE	SO	AS
	ES	SE	SO	AS
	ES	SE	SO	AS
	ES	SE	SO	AS

- Colorea la casilla correcta según la primera sílaba que suene.

ISLA

PIES

ASPA

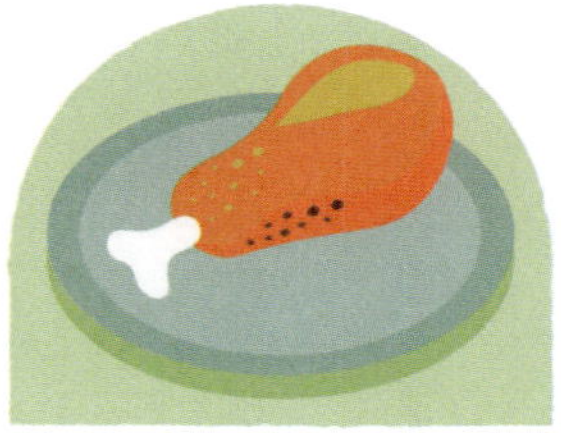

MUSLO

Resuelve el crucigrama. Después, dibuja la palabra secreta.

LA SEPIA ______________________.

EL PULPO ______________________.

Inventa un nombre que lleve la letra S para cada uno de estos animales y escríbelo. Después, copia las frases.

P					

Escribe la primera letra de cada elemento para descifrar la palabra secreta. Después, dibújala.

PALOMA

SAPO

SOPA

LEE

SALE

MAPA

LA ________________ ________________ EL ________________.

Escoge las palabras correctas y completa la frase.

Completa el dominó.

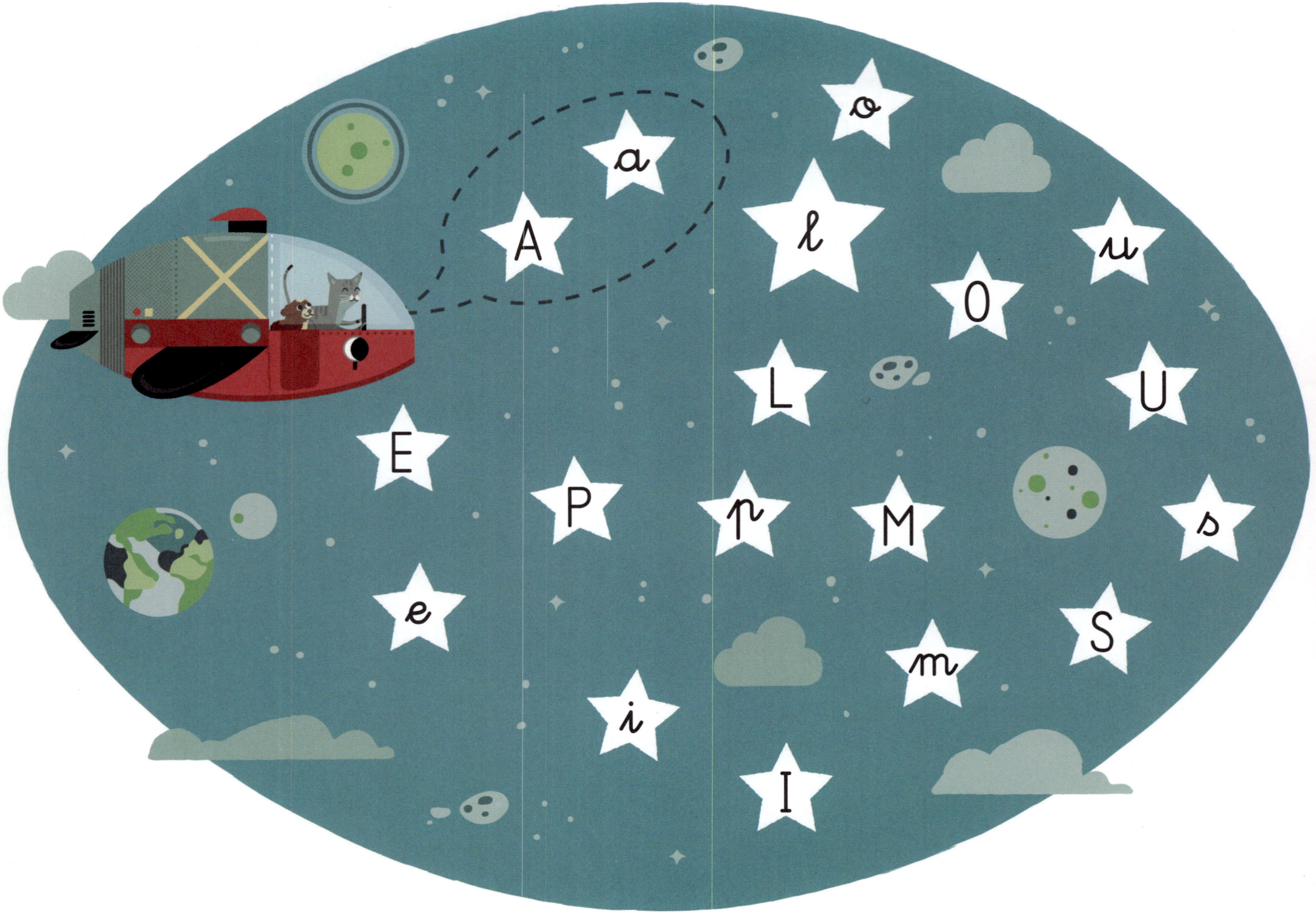

Busca y rodea cada letra mayúscula con su minúscula.

¡SHHHHHHH!

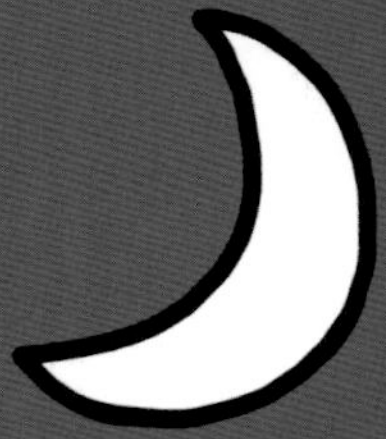

¡MÁS ALTO!

DESPACIO...

AÚN MÁS DESPACIO...

¡RÁPIDO!

¡MÁS RÁPIDO!

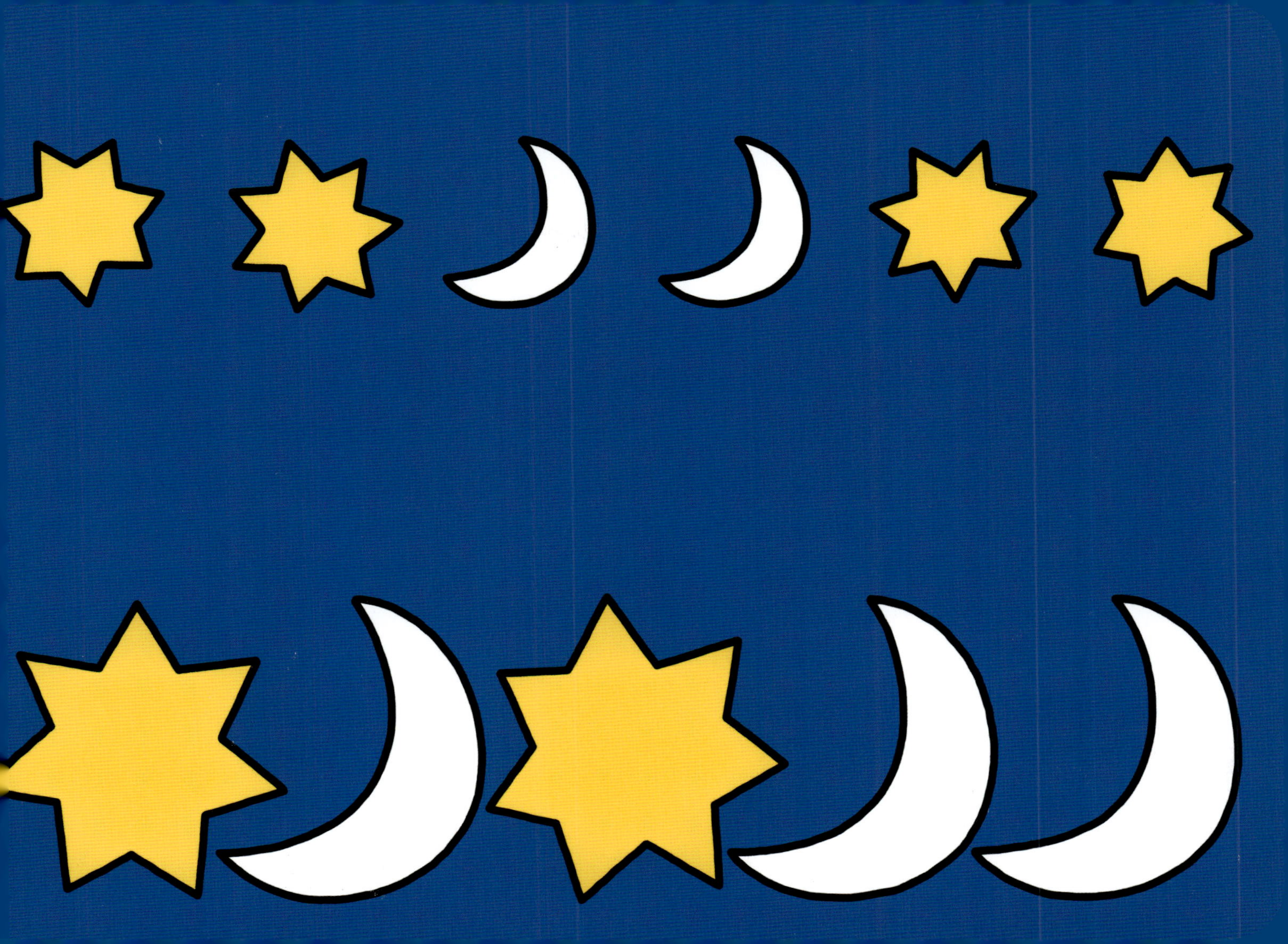

¡ATENCIÓN!

¡SHHHHHHH!

ANTES DE EMPEZAR

INVENTA UN SONIDO:  ¡TA!  ¡PO!

EL TAMAÑO... IMPORTA:  ¡TA!  ¡TA!

Y LA DISTANCIA, TAMBIÉN:   ¡TA-PO!

  ¡TA - PO!

PUEDES REPETIRLO, UN MONTÓN DE VECES.

¿EMPEZAMOS?

Pp

PA PE PI PO PU

PIE

PÚA

papá

popa

PIPA

PAPÁ

pipa

POPA

pie

púa

Mm

La mariquita Mimí
contempla a la mariposa:
–¡Me gustan mucho tus alas!
–le dice Mimí mimosa.

Mm

MA ME MI MO MU

MAMÁ mimo MAPA

MOMIA mamá

MIMO momia

MOPA

PUMA

pomo

mopa

puma

POMO

mapa

Ll

Las luciérnagas en fila
van formando cabalgata,
son lámparas luminosas
bajo la luna de plata.

L l

LA	LE	LI	LO	LU
AL	EL	IL	OL	UL

PALOMA

pala

lupa

LIMA

MUELA

pelo

lila

OLMO

PILA

LUPA

olmo

paloma

PELO

lima

muela

ALMA

PALA

LILA

pila

alma

Ss

Las setas son las sombrillas
de los duendes más pequeños.
A su sombra echan la siesta
y sonríen entre sueños.

Ss

SA	SE	SI	SO	SU
AS	ES	IS	OS	US

muslo

MESA

SOPA

SAPO

sal

sol

SUMA

aspa

sepia

SEPIA

SAL

sopa

SOL

MUSLO

suma

ASPA

sapo

mesa

MUELA SOPA

PUMA LIMA

MIMOSA

POMELO POMO

POLO AMAPOLA

SAPO MOMIA

ISLA MIEL

ALMA SEPIA

LOMO SUELA

LOMO Y POMO

MOMIA Y MIMO

LIMA Y LOMO

SAPO Y SEPIA

MUELA Y SUELA

ISLA Y OSLO

PISO Y PESO

PELO Y PALA

SOPA Y POPA

ALMA Y OLMO

LOMO Y LIMA

LUPA Y PUMA

SAPO Y SOPA

SOL Y SAL

LA MOMIA AMASA LA MASA.

MAMÁ AMA AL OSO.

EL PELO ES LILA.

PALOMA LAME EL POLO.

SAÚL USA LA LUPA.

MI PAPÁ ES MIMO.

SUSI PUSO LA MESA.

ELISA ME ALISA EL PELO.

LA MULA ES MIMOSA.

EL SAPO PISA A LA SEPIA.

EL SOL SALE SOLO.

LA MOMIA LEE AL PUMA.

Letra a letra, nivel 2, forma parte del **proyecto Lecto+**. Es una obra colectiva concebida, diseñada y creada en el Departamento de Ediciones Educativas de Santillana Educación, S. L., dirigido por **Teresa Grence Ruiz**.

Dirección del proyecto: Ana Uguina Orozco

Texto y edición: Báccara Martínez Sánchez y Domingo Pose Rodríguez

Dirección de arte: José Crespo González

Jefa de proyecto: Rosa Marín González
Proyecto gráfico:
cubiertas: Cristina Vergara
interiores: Rubén Núñez Chumillas y Julia Ortega Peralejo
Coordinación de ilustración: Carlos Aguilera Sevillano
Jefe de desarrollo del proyecto gráfico: Javier Tejeda de la Calle
Desarrollo gráfico: Raúl de Andrés González, Jorge Gómez Tovar y Patricia Tejeda Gaspar

Dirección técnica: Jorge Mira Fernández
Coordinación técnica: Evaristo Moreno Sánchez
Composición y montaje: Rubén Núñez Chumillas y Marisa Valbuena Rodríguez
Corrección: Nuria del Peso Ruiz

Avenida de los Artesanos, 6
28760 Tres Cantos, Madrid
Printed in China

CP: 115642

Lecto+

LETRA A LETRA

Rimas motivadoras para el trabajo con cada letra y su sonido.

Letra a letra 1	Vocales
Letra a letra 2	P, M, L, S
Letra a letra 3	T, D, N, F, R/rr, H
Letra a letra 4	C, QU, G, GU, r (suave), B, V, Z, CE-CI
Letra a letra 5	J, GE-GI, LL, Ñ, Y, CH, X, K, GÜE-GÜI
Letra a letra 6	Grupos consonánticos

SANTILLANA

Lecto+

LECTONAUTAS 2

1024442
1513050

SANTILLANA

Lecto+

LECTONAUTAS 2

Destino: Palmas

Una historia de **Esther Echevarría**
ilustrada por **Manu Callejón**

SANTILLANA

¡PASEOS Y SOL!
¿A PALMAS, OLI?

¡ALE, SILA,
A PALMAS!

PO, PO, PO...
¡POM!

¡AY, AY, SILA!
¡EL ALA!

¡OLIIII!

¡AAAA!

SILA, PÁSAME
LA LUPA.

¡SILA, ESO ES EL PALO!
LA LUPA, SILA,

LA LUPAAA.

¡SILA, SILA, SILA!

¡OLI,
PELMA!

¡E, E, E!
¡MMM!

¿MIMOS O PELEAS?

PAO, PAO, PA,
PA, PA, PA.

LIMPIO LA MESA,

LA, LA, LA, LA.

ASÍ ES
PALMAS.

ASO EL LOMO,

LO, LO, LO, LO.

MÁS SAL,
MÁS APIO,

PO, PO, PO, PO.

¿MIMOS O PELEAS?

¡MIMOS!

¿LA LUPA, OLI?

LO, LI,
LO, LÍ.

SÍ, SÍ, SILA.
ASÍ, ASÍ.

¡PALMASIOS,

PALMAS A SILA

Y A OLI!

¿MIMOS, OLI?

SÍ, SILA, MIMOS
Y PALMAS.

Lectonautas, nivel 2, forma parte del **proyecto Lecto+**. Es una obra colectiva concebida, diseñada y creada en el Departamento de Ediciones Educativas de Santillana Educación, S. L., dirigido por **Teresa Grence Ruiz**.

Dirección del proyecto: Ana Uguina Orozco

Edición: Silvia Moral Vega y Domingo Pose Rodríguez

Dirección de arte: José Crespo González

Jefa de proyecto: Rosa Marín González
Proyecto gráfico:
cubiertas: Cristina Vergara
interiores: Rubén Núñez Chumillas y Julia Ortega Peralejo
Coordinación de ilustración: Carlos Aguilera Sevillano
Jefe de desarrollo del proyecto gráfico: Javier Tejeda de la Calle
Desarrollo gráfico: Raúl de Andrés González, Jorge Gómez Tovar y Patricia Tejeda Gaspar

Dirección técnica: Jorge Mira Fernández
Coordinación técnica: Evaristo Moreno Sánchez
Composición y montaje: Julia Ortega Peralejo
Corrección: Susana del Olmo Ciria

Avenida de los Artesanos, 6
28760 Tres Cantos, Madrid
Printed in China

CP: 115631

Lecto+

LECTONAUTAS

Aventuras motivadoras de Sila y Oli
para el aprendizaje de las letras.

Lectonautas 1	Destino: Iua	Vocales
Lectonautas 2	Destino: Palmas	P, M, L, S
Lectonautas 3	Destino: Altonia	T, D, N, F, R/rr, H
Lectonautas 4	Destino: Solón	C, QU, G, GU, r (suave), B, V, Z, CE-CI
Lectonautas 5	Destino: Hechiceria	J, GE-GI, LL, Ñ, Y, CH, X, K, GÜE-GÜI
Lectonautas 6	Destino: Brillandia	Grupos consonánticos

SANTILLANA